Die Ausweisung fremder Staatsangehörigen

vom

völkerrechtlichen und staatsrechtlichen Standpunkte.

Von

Conrad Bornhak.

Berlin, 1900.
Verlag von H. W. Müller.

Sonderabdruck aus
der Festgabe für Heinrich Dernburg.

Wenn das Völkerrecht die rechtlichen Beziehungen der Staaten unter einander, das Staatsrecht die Organisation der Staatsgewalt und ihre Beziehungen zu Land und Leuten regelt, so fehlt es für die Stellung fremder Staatsangehörigen zur inländischen Staatsgewalt an einer Rechtsgrundlage überhaupt. Gleichwohl ist der Fremde nicht im Sinne früherer Kulturperioden rechtlos. Allerdings verbindet das Völkerrecht nur die Mitglieder der völkerrechtlichen Staatengemeinschaft, es ist nur ein Recht zwischen Staat und Staat. Aber jeder Staat ist durch die völkerrechtliche Ordnung gebunden und vielfach auch vertragsmäßig verpflichtet, die Angehörigen des anderen Staates in gewisser Weise zu behandeln. So ergiebt sich eine rechtliche Stellung der Fremden als Angehöriger ihres Staates zur fremden Staatsgewalt. Gewiß kommen ferner für das Staatsrecht als der Staatsgewalt unterworfen nur das Staatsgebiet und die Staatsangehörigen in Betracht. In dem persönlichen Verhältnisse der Staatsangehörigkeit stehen die Fremden nicht einmal zeitweise während ihres Aufenthaltes außerhalb des Heimathsstaates zur fremden Staatsgewalt. Wohl aber sind sie wie alles, was in dem Staatsgebiete sich befindet, so lange ihre Verbindung mit dem fremden Staatsgebiete dauert, der Gebietshoheit der Staatsgewalt unterworfen. So entsteht durch den Aufenthalt des Fremden im Gebiete auch ein staatsrechtliches Verhältniß zwischen ihm und dem Staate. Durch das Mittelglied des fremden Staates wird die völkerrechtliche, durch das Mittelglied des Gebietes die staatsrechtliche Grundlage des Fremdenrechtes gewonnen.

Die Ausweisung von Fremden hat sich nun wie jede Thätigkeit des Staates innerhalb der Schranken des Rechtes zu vollziehen. Damit ergiebt sich auch für die Ausweisung fremder Staatsangehörigen eine Betrachtung von zwiefachem Gesichtspunkte, vom völkerrechtlichen und vom staatsrechtlichen.

I. [1]

Der Staat ist kraft seiner Souveränetät der unbeschränkte Herrscher seines Gebietes. Er braucht daher Fremde in seinem Gebiete überhaupt nicht zu dulden. Das erscheint als die natürliche Folge der Gebietshoheit. In der That haben auf diesem Standpunkte bis in die neuere Zeit die hinterasiatischen Staaten gestanden, ehe sie sich den Grundsätzen des europäischen Völkerrechts unterwarfen, und auch, als sie an dem Grundsatze der Fremdenausschließung starr festzuhalten aufhörten, ließen sie die Fremden wenigstens nur an bestimmten Plätzen unbehindert zu.

Die engen, von Jahr zu Jahr zunehmenden wirthschaftlichen Beziehungen, in denen die Bewohner der modernen Kulturwelt zu einander stehen, bringen es aber mit sich, daß sich fortgesetzt zahlreiche Angehörige des einen Staates im Gebiete des anderen aufhalten, um dort die mannigfachsten persönlichen Interessen zu pflegen. Diese wirthschaftlichen Beziehungen kann thatsächlich kein Staat durch Ausschließung aller Fremden von seinem Gebiete abschneiden, ohne sich auf das erheblichste selbst zu schädigen.

Solche Thatsachen haben aber von jeher im Völkerrechte eine rechtsbildende Kraft gezeigt. Was ein Staat thatsächlich nicht thun kann, das wird ihm auch rechtlich als eine Folge des Bandes, das alle Staaten der Völkerrechtsgemeinschaft umschlingt, verboten. Die Comitas gentium lehnt sich gegen die unbedingte Ausschließung der Fremden vom Staatsgebiete auf und macht daher die an sich nach dem souveränen Herrschaftsrechte des Staates über sein Gebiet zulässige Absperrung, wie sie bis in die neuere Zeit in Hinterasien bestand, völkerrechtswidrig. Es besteht eine allgemeine völkerrechtliche Verpflichtung der Mitglieder der Staatengemeinschaft unter einander, Fremde im allgemeinen zuzulassen. Diese völkerrechtliche, die souveräne Gebietshoheit einschränkende Verpflichtung wird in der gesammten völkerrechtlichen Literatur wie in der Staatenpraxis gleichmäßig anerkannt.

Aus der Verpflichtung aller Staaten unter einander ergiebt sich zweierlei.

Einmal darf kein Staat Fremde überhaupt von seinem Gebiete ausschließen. Er würde damit eine ihm gegenüber allen anderen Staaten obliegende Verbindlichkeit verletzen.

---

1) Vgl. v. Martitz, Internationale Rechtshilfe in Strafsachen, Leipzig 1888 ff., Bd. 1, S. 7 ff., Bd. 2, S. 627 ff.; Stoerk in v. Holtzendorff's Handbuch Bd. 2 §§ 113—122, sowie Art. Fremdenpolizei im Handwörterbuch der Staatswissenschaften; Kayser, Art. Ausweisung ebenda; Annuaire de l'Institut de Droit International X (1889), S. 227 ff.; XI (1892), S. 273 ff.; XII (1894), S. 184 ff.

Eben so wenig darf aber ferner ein Staat in Friedenszeiten Angehörige eines bestimmten anderen Staates unbedingt und allgemein fernhalten. Er würde sich dadurch mit einer Verpflichtung in Widerspruch setzen, die er diesem anderen Staate gegenüber hat. Nur im Kriege, der die unter den kriegführenden Staaten bestehenden Verpflichtungen überhaupt aufhebt mit Ausnahme der besonders für den Fall des Krieges eingegangenen, hört auch die Pflicht des Staates, Angehörige eines bestimmten anderen Staates bei sich aufzunehmen, dem kriegführenden feindlichen Staate gegenüber auf. Im Kriege können daher anerkanntermaßen zwar nicht Fremde überhaupt, wohl aber Angehörige der anderen kriegführenden Macht unbedingt ausgewiesen werden.

Die Verpflichtung, fremde Staatsangehörige im Allgemeinen in seinem Gebiete zuzulassen, bedeutet nun aber nicht etwa, daß der Staat jeden einzelnen Fremden bei sich aufnehmen muß. Ebenso wie die Verpflichtung des Staates, Fremde oder Angehörige eines bestimmten anderen Staates in Friedenszeiten nicht allgemein von seinem Gebiete auszuschließen, ist das Recht des Staates anerkannt, einzelne Fremde auszuweisen.

Man hat theoretisch versucht, [2] die Gründe für die Ausweisung einzelner festzustellen und damit andere Ausweisungen für unzulässig zu erklären. Hierher sollen namentlich gehören Mittellosigkeit, Betheiligung an strafbaren Handlungen oder Vorbereitung von solchen, anderweiter Ungehorsam gegen die Gesetze, politische Belästigung des Aufenthaltsstaates. Allein die Praxis hat sich gegen die Formulirung bestimmter Ausweisungsgründe stets ablehnend verhalten und begnügt sich mit der allgemeinen Formel der Salus publica. In der That läßt sich die Vielgestaltigkeit der politischen Verhältnisse, die eine Ausweisung erforderlich erscheinen lassen, nicht auf einzelne Typen zurückführen. Einige der sog. Ausweisungsgründe, wie z. B. die politische Belästigung, sind überdies so allgemein gehalten, daß sie überall passen, und man sich vergeblich fragt, weßhalb man den Versuch, einzelne Gründe aufzuzählen, überhaupt gemacht hat. Wohl lassen sich die Umstände, die zu einer Ausweisung Veranlassung geben können, in einzelnen Gruppen zusammenfassen, es können Gesichtspunkte der Armenpolizei, der Strafrechtspflege, der Sicherheitspolizei und der höheren Politik obwalten. [3]) Aber es handelt sich dabei um Beispiele, nicht um erschöpfende Aufzählung der Gründe. Als

---

2) Vgl. z. B. den Bar'schen Entwurf in der Hamburger Sitzung des Institut 1891 und die Règles adoptées des Institut selbst im Annuaire XII, S. 218 ff.

3) v. Martitz a. a. O. Bd. 1, S. 24 ff. unterscheidet formelle Gründe, armenpolizeiliche, solche der Strafrechtspflege und der Sicherheitspolizei

negatives Ergebniß bleibt nur übrig, daß die Ausweisungsgründe auf dem Gebiete der Politik liegen und nicht völkerrechtlich faßbar sind.

Das moderne Völkerrecht hat damit in allgemein anerkannter Weise die äußersten Grenzen des Duldungs- und Ausweisungsrechtes festgestellt. Am klarsten ausgesprochen wird dies von Buntschli in seinem Kodifikationsversuche, dem modernen Völkerrechte der civilisirten Staaten (1868). Nach Art. 381 darf sich kein Staat gegen Fremde überhaupt absperren, nach Art. 382 aber jeder Staat einzelne Fremde aus Gründen des Rechts und der Politik ausweisen. Nur die Erwähnung der Gründe hätte ohne Schaden für die Formulirung der beiden Rechtssätze unterbleiben können.

Mit der Feststellung dieser äußersten Grenzen ist aber die Frage der Duldungspflicht und des Ausweisungsrechtes des Staates noch keineswegs gelöst. Darf der Staat weder Fremde überhaupt noch in Friedenszeiten Angehörige eines bestimmten anderen Staates allgemein ausweisen, so darf er auch nicht einem Theile dieser Gesammtheit den Zutritt versagen. Und andererseits, ist der Staat zur Ausweisung einzelner Fremden berechtigt, so darf er auch mehrere Einzelne ausweisen. Nun entsteht die Frage, wann die mehreren Einzelnen zu einem Theile der Gesammtheit oder zu dieser selbst werden. Diese Frage läßt sich natürlich vom Standpunkte juristischer Logik aus niemals beantworten. Sie erinnert an den bekannten Schulstreit, wie viele Menschen dazu gehören um einen Haufen zu bilden. Wann werden mehrere Einzelne zu einer Gesammtheit, die sich doch auch wieder aus Einzelnen zusammensetzt? Jedenfalls muß der Ausweisungsbefehl immer individuell, an die einzelne Person gerichtet sein, allgemeine Ausweisungsbefehle sind in Friedenszeiten überhaupt unzulässig. Die einzelnen Ausweisungen dürfen aber nie einen Umfang annehmen, daß dadurch den Angehörigen eines anderen Staates allgemein der Aufenthalt versagt erscheint, wenn auch noch zur scheinbaren Wahrung des Grundsatzes freien Aufenthaltes ein paar Ausnahmen zugelassen werden. Näher lassen sich die Grenzen nach rechtlichen Gesichtspunkten nicht bestimmen, man gelangt eben wieder in das flüssige Gebiet der Politik.

Mag nun Duldungspflicht oder Ausweisungsrecht der Staatsgewalt bestehen oder nicht, jedenfalls erwachsen daraus für den einzelnen Fremden gegenüber dem Aufenthaltsstaate keinerlei Rechte. Das Völkerrecht ist ein Recht unter Staaten. Der Fremde ist für den Aufenthaltsstaat nur Objekt der Staatsherrschaft und auch dies nur, so lange er sich in dem Gebiete aufhält. Völkerrechtlich zur Duldung verpflichtet ist daher der Staat unter den oben erörterten Voraussetzungen nicht gegenüber dem

Fremden, sondern nur gegenüber den anderen Mitgliedern der Völkerrechtsgemeinschaft, insbesondere gegenüber dem Staate, dem der Fremde angehört. Wie das Völkerrecht nur Staaten verpflichtet, und die Verbindlichkeit zur Duldung von Fremden eine völkerrechtliche gegenüber anderen Staaten ist, so kann auch das der Verpflichtung entsprechende subjective Recht eines anderen nur ein solches eines Staates sein. Nur der andere Staat kann fordern, daß seine Angehörigen in Friedenszeiten nicht allgemein vom Zutritte in das fremde Staatsgebiet fern gehalten oder aus ihm ausgewiesen werden. Nur der andere Staat kann in einzelnen zweifelhaften Fällen kraft des Schutzes, den er seinen Angehörigen im Auslande schuldet, von dem ausweisenden Staate Auskunft über die Gründe fordern. Nur er kann endlich für eine Rechtsverletzung, die ihm in seinem Angehörigen zugefügt wird, die völkerrechtlich zulässige Genugthuung sich verschaffen.

II.[4]

Das Völkerrecht zieht die äußersten Grenzen, innerhalb deren ein Staat, so weit seine Rechtsbeziehungen zu anderen Staaten in Betracht kommen, zu handeln befugt ist. Das englisch-amerikanische Recht betrachtet geradezu die völkerrechtlichen Grundsätze als Theil des Landrechtes und erklärt sie daher auch in dem Verhältnisse von Staat und Unterthanen für unmittelbar anwendbar. In den meisten anderen Staaten geht man nicht so weit. Der Staat erscheint berechtigt, kraft seines unbeschränkbaren Herrschaftsrechtes auch Anordnungen zu erlassen, die dem Völkerrechte widersprechen. Er setzt sich dann aber für sein völkerrechtswidriges Verhalten, das in seinen inneren Beziehungen zu seinen Unterthanen und den im Gebiete sich aufhaltenden Fremden unanfechtbar ist, anderen Staaten gegenüber den Folgen des Rechtsbruches aus. Unter keinen Umständen muß aber ein Staat von den Befugnissen, die ihm völkerrechtlich zustehen, auch Gebrauch machen. Er kann insbesondere durch die Gesetzgebung sich selbst und seinen Organen weitere Beschränkungen auferlegen, als das Völkerrecht ihm zieht.

Nach englisch-amerikanischem Rechte hat der Staat, soweit nicht Auslieferungsverträge eine Ausnahme festsetzen, nicht nur das Recht, sondern auch die Pflicht, Asyl zu gewähren. Dieser Pflicht entspricht

---

4) Vgl. Bès de Berc, De l'expulsion des étrangers, Paris 1888; J. Langhard, Das Recht der politischen Fremdenausweisung mit besonderer Berücksichtigung der Schweiz, Leipzig 1891; eine Uebersicht der Gesetzgebung giebt Bulmerincq, Völkerrecht, in Marquardsen's Handbuch S. 238ff.

die Befugniß der Fremden, im Gebiete von England oder Nordamerika ihren dauernden oder vorübergehenden Aufenthalt zu nehmen. Die Verwaltungsbehörde ist grundsätzlich nicht befugt, Fremde aus dem Staatsgebiete auszuweisen.

Dieser Grundsatz der staatlichen Verpflichtung, Fremde aufzunehmen, wird in England bei schwierigen politischen Lagen durchbrochen durch Fremdengesetze, Alien Acts, vermöge deren vorübergehend den Verwaltungsbehörden eine Ausweisungsbefugniß gewährt wird. Auch der Fremde sieht sich also nicht dem freien Ermessen der Verwaltung, sondern deren gesetzlich geregelten Befugnissen zur Ausweisung gegenüber, die überdies noch den Charakter des Ausnahmegesetzes haben. Das erste Fremdengesetz erging 1792 und gestattete die Ausweisung aller Fremden, die keine oder falsche Angaben über ihre Personalien machten. Von zwei zu zwei Jahren verlängert nnd schließlich durch ein anderes Gesetz ersetzt, ist diese Gesetzgebung 1826 erloschen. Dann erging 1848 ein neues Fremdengesetz auf ein Jahr mit der Ermächtigung zur Austreibung aller Fremden, die sich nicht schon sieben Jahre im Lande aufhielten. Dieses Gesetz ist niemals zur Anwendung gelangt. Erst die Coercion Bill von 1881 zur Unterdrückung der irischen Bewegung begründete wieder vorübergehend Ausweisungsbefugnisse.

In den Vereinigten Staaten von Nordamerika steht gleichfalls der grundsätzlichen Aufenthaltsberechtigung der Fremden im Staatsgebiete nicht entgegen, daß die Bedingungen ihrer Zulassung durch Gesetz oder Staatsvertrag näher geregelt und die diese Bedingungen nicht erfüllenden Fremden zurückgewiesen werden. Der geographischen Lage des Landes entsprechend, in das die Fremden meist auf dem Seewege kommen, erscheint aber bei den Amerikanern im Gegensatze zur europäischen Praxis als geeignetes Mittel zur Fernhaltung unliebsamer Elemente nicht die Ausweisung, sondern die Zurückweisung vor dem Eintritte in das Gebiet.[5] Schon 1798 ermächtigte der Kongreß den Präsidenten John Adams zur Ausweisung gewisser Fremden. Spätere Maßregeln richten sich besonders gegen die Zulassung von bestimmten Arten von Einwanderern. Durch Vertrag von 1868 hatten Nordamerika und China sich wechselseitig die Einwanderung ihrer Staatsangehörigen zugestanden. Da nun aber die Chinesen in großen Mengen nach Nordamerika kamen und die Arbeitslöhne drückten, scheute man amerikanischerseits nicht vor Vertragsver-

5) Diese Zurückweisung wird irrthümlich vermengt mit der Ausweisung in dem Berichte, den Robin-Jaequemyns dem Institut de Droit international über die Frage erstattete. Vgl. Annuaire X, S. 231. Der amtliche amerikanische Ausdruck ist dagegen ganz richtig „excluding“.

letzungen zurück. Erst 1881 kam ein neuer Vertrag mit China zu Stande, der die Bundesregierung ermächtigte, die Zulassung und den Aufenthalt chinesischer Arbeiter im Bundesgebiete zu beschränken, zu regeln und zu suspendiren, und damit für die Zukunft die chinesischen Einwanderer der Arbeiterklasse der Willkür der amerikanischen Staatsorgane preisgab. Sehr bald sucht man aber, hauptsächlich im Interesse der amerikanischen Arbeiter, auch die europäische Einwanderung zu beschränken. Seit 1882 beginnt die Gesetzgebung gegen die sogenannten Paupers. Entlassene Sträflinge, Geisteskranke, Krüppel und Arme, die voraussichtlich die Armenpflege belasten würden, sollen nicht in das Land gelassen, sondern auf Kosten des Schiffseigenthümers zurückgeschickt werden. Das dehnt man 1885 aus auf Alle, die sich bereits vor der Einwanderung kontraktlich gebunden haben. Diese Bestimmungen werden 1891 in einem neuen Gesetze zusammengefaßt.[6] Es ist hiernach das Eigenthümliche des amerikanischen Rechtes, daß es, ausgehend von dem Aufenthalts- und demnach auch Einwanderungsrechte der Fremden, diesen Grundsatz durchbricht nicht etwa durch Ausweisung, sondern durch Nichtzulassung und zwar bestimmter Arten von Fremden, deren Einwanderung zu wirthschaftlichen Bedenken Anlaß giebt. Angesichts der oben entwickelten völkerrechtlichen Grundsätze könnte es zweifelhaft erscheinen, ob hier überhaupt noch eine Fernhaltung von einzelnen Fremden vorliegt. Die Praxis hat dies bejaht, indem kein Staat gegen die amerikanische Gesetzgebung Einspruch erhoben hat.

Für Frankreich hat das Gesetz vom 3. Dezember 1849 die Ausweisung als reine Verwaltungsmaßregel festgestellt. Man unterscheidet zwischen Fremden, die zum Wohnsitze im französischen Gebiete ermächtigt sind, und anderen. Die Behandlung Beider ist aber nicht erheblich verschieden. Der Minister des Innern kann jeden Fremden ausweisen lassen, bei zum Wohnsitze ermächtigten Fremden wird aber die Anordnung nach zwei Jahren hinfällig, wenn nicht inzwischen die Ermächtigung zum Wohnsitze zurückgenommen ist. In den Grenzdepartements hat auch der Präfekt die Ausweisungsbefugniß gegenüber den nicht zum Wohnsitze ermächtigten Fremden. Auf besondere Gründe ist die Ausweisung gesetzlich nicht beschränkt. In den Ausweisungsbefehlen bedient man sich der allgemeinen Formel: „Considérant que la présence de N. N. étranger sur le territoire français est de nature à compromettere la sûreté publique“. Es ist hiernach ganz in das willkürliche Ermessen der Verwaltung gestellt, Fremde auszuweisen.

---

6) Vgl. Sartorius v. Waltershausen Art. Einwanderung im Handwörterbuche der Staatswissenschaften, 1. Ergänzungsband, S. 300 ff.

Für Oesterreich bestimmt das Gesetz betreffend die Regelung der polizeilichen Abschaffung und des Schubwesens vom 27. Juli 1871 § 2: „Außerdem können Personen, welche in dem Geltungsgebiete dieses Gesetzes nicht heimathberechtigt sind, wenn sich ihr Aufenthalt daselbst aus Rücksichten der öffentlichen Ordnung und der Sicherheit als unzulässig darstellt, aus dem ganzen Geltungsgebiete dieses Gesetzes oder aus einem bestimmten Theile desselben abgeschafft werden." Gegen die Ausweisung ist innerhalb dreier Tage der Rekurs an die Provinzialbehörde, wie an das Staatsoberhaupt zulässig. Bis zur endgiltigen Entscheidung kann der Ausgewiesene in Haft genommen werden. Die Ausweisung ist hiernach eine einfache polizeiliche Maßregel, die aus allgemeinen Gründen der öffentlichen Sicherheit und Ordnung verfügt werden kann. Für Ungarn bestehen besondere gesetzliche Bestimmungen nicht. Die Verwaltungspraxis wendet aber die in Oesterreich geltenden Grundsätze entsprechend an.

In Rußland bestehen gesetzliche Bestimmungen über die Zulässigkeit der Ausweisung überhaupt nicht. Nach dem Grundsatze: „Was nicht verboten ist, ist erlaubt" wird sie jedoch aus den mannigfachsten Gründen namentlich der Politik fortgesetzt verhängt. Nur erfordert man für den einzelnen Fall in der Regel einen besonderen kaiserlichen Befehl.

Die Schweiz hält es von jeher für ihr Recht, Fremden Asyl zu gewähren. Aber abweichend von England betrachtet sie dieses Recht nicht gleichzeitig als eine Pflicht gegenüber dem einzelnen Fremden. Sie kennt daher eine Ausweisung nicht nur als ein Ausnahmerecht, sondern als dauernde Einrichtung. Seit 1848 ist die Fremdenpolizei Bundessache. Nach Art. 70 der Bundesverfassung steht dem Bundesrathe das Recht zu, Fremde, welche die innere oder äußere Sicherheit der Eidgenossenschaft gefährden, aus dem schweizerischen Gebiete auszuweisen. Das Gesetz vom 28. Juni 1889 macht die Ausübung dieser Fremdenpolizei zur Sache des Bundesanwaltes. Von der Ausweisung sind bisher nach der schweizer Praxis namentlich solche Personen betroffen worden, die vom Boden der Schweiz aus revolutionäre Handlungen gegen ihren Heimathsstaat vornahmen oder verbreiteten und dadurch mittelbar die Sicherheit der Schweiz in ihren völkerrechtlichen oder politischen Beziehungen zu anderen Staaten gefährdeten.

In mustergiltiger Weise hat endlich die belgische Gesetzgebung, ohne das staatliche Ausweisungsrecht selbst preiszugeben, den Schutz der Fremden gegen willkürliche Maßregeln der Verwaltung entwickelt.[7] Die belgische

7) Vgl. die ausführliche Darstellung bei v. Martitz a. a. O. Bd. 2, S. 627 ff.

Gesetzgebung beginnt bald nach der Unabhängigkeitserklärung in periodischen Fremdengesetzen seit 1835, die regelmäßig auf drei Jahre erlassen wurden. Nach Art. 128 der Verfassung genießen Ausländer auf belgischem Gebiete für Person und Vermögen denselben Schutz wie Inländer vorbehaltlich der vom Gesetze bestimmten Ausnahmen. Die Ausweisung kann hiernach nur auf Grund des Gesetzes erfolgen. Die Ausweisung beruht entweder auf armenrechtlichen oder sicherheitspolizeilichen Gründen. Bedürftige Ausländer, die keinen Unterstützungswohnsitz haben oder keinem Lande angehören, mit dem wegen Ersatz der Kosten ein Vertrag geschlossen ist, werden an die Grenze gebracht. Außerdem kann die Regierung Ausländer, die durch ihre Aufführung die öffentliche Ruhe gefährden oder im Auslande wegen Verbrechen und Vergehen, die die Auslieferung bedingen, verfolgt werden, zwingen, sich von einem bestimmten Orte zu entfernen, an einem bestimmten Orte zu wohnen oder selbst das Königreich zu verlassen. Die Ausweisung aus sicherheitspolizeilichen Gründen kann aber nur durch einen im Ministerrate beschlossenen königlichen Erlaß erfolgen. Gegen gewisse Arten von Ausländern, insbesondere solche, die zur Wohnsitznahme im Königreiche ermächtigt oder mit einer Belgierin verheirathet und entweder von ihr im Lande geborene Kinder oder seit mindestens fünf Jahren ihren Wohnsitz im Lande haben, ist die Ausweisung überhaupt nicht anwendbar. Der Ausländern muß zum Verlassen des Landes mindestens einen Tag Frist erhalten und kann selbst die Grenze bezeichnen, über welche er gehen will.

Ebenso wie durch seine Gesetzgebung kann ein Staat auch durch Vertrag mit einem anderen Staate seine Befugniß zur Ausweisung der Angehörigen der Letzteren näher regeln und Beschränkungen unterwerfen. Dies ist die Bedeutung der sogenannten Niederlassungsverträge, wie sie namentlich von der Schweiz mit einer Reihe anderer Staaten abgeschlossen sind.[8] Insbesondere wird dadurch den Angehörigen der anderen vertragschließenden Theile ein Recht auf Aufenthalt gewährt, soweit sie unbescholten sind und die Gesetze und Polizeiverordnungen des Aufnahmestaates nicht verletzen. Der Aufenthaltsstaat hat damit vertragsmäßig auf die Ausübung seines Ausweisungsrechtes verzichtet, es sei denn, daß die vertragsmäßig vorgesehenen Ausnahmen vorliegen.

Die Staatenpraxis hat hiernach innerhalb des völkerrechtlichen Rahmens das Ausweisungsrecht meist selbständig für jeden einzelnen Staat geregelt und damit gleichzeitig die nach den allgemeinen Grundsätzen des Völkerrechtes zweifelhaften Punkte näher bestimmt.

8) Vgl. z. B. Niederlassungsvertrag zwischen dem Deutschen Reiche und der Schweiz vom 31. Mai 1890 (R.G.Bl. 1890, S. 131).

Daß ein Staat über das Maß dessen, wozu er völkerrechtlich genöthigt ist, sein Gebiet den Fremden öffnet und ihnen ein Recht auf Aufenthalt gewährt, bildet die verschwindende Ausnahme. Nur im englisch-amerikanischen Rechte, soweit nicht gesetzliche Ausnahmen bestehen, und im belgischen Rechte hinsichtlich der nicht ausweisbaren Fremden zeigen sich Ansätze nach dieser Richtung. Im Uebrigen nimmt jeder Staat das Recht für sich in Anspruch, aus den mannigfachsten Gründen, besonders von dem Gesichtspunkte der öffentlichen Sicherheit und Ordnung, einzelne Fremde von seinem Gebiete auszuschließen, indem er entweder von vorn herein den Eintritt versagt oder den im Lande sich bereits aufhaltenden Fremden ausweist. Die nach den allgemeinen völkerrechtlichen Grundsätzen noch vorhandene Lücke über die Grenzen des Ausweisungsrechtes erscheint dabei gleichfalls ausgefüllt. Es bleibt völkerrechtlich zulässige Ausschließung einzelner Fremden und nicht ein Abschluß gegen Angehörige eines fremden Staates überhaupt, wenn bestimmte Arten von Fremden allgemein ausgeschlossen werden. In dieser Beziehung hat namentlich die völkerrechtlich unangefochten gebliebene amerikanische Praxis das nach den allgemeinen Grundsätzen zweifelhafte Gebiet näher abgegrenzt. Was aber von der Zurückweisung Fremder gilt, muß auch auf die Ausweisung Anwendung finden. Denn beide fallen zusammen in dem gemeinsamen Begriffe des Abschlusses des Gebietes gegen fremde Staatsangehörige. Die Thatsache, daß auf Grund des Ausweisungsrechtes auch ganze Klassen von Fremden vertrieben werden können, findet daher nothwendig auch völkerrechtliche Anerkennung.[9]

III.

Nach Art. 4 Nr. 1 der Reichsverfassung unterliegt der Beaufsichtigung seitens des Reiches und seiner Gesetzgebung u. A. die Fremdenpolizei Was man sich beim Erlasse dieser Bestimmung in den verschiedenen Kreisen der gesetzgebenden Faktoren gedacht hat, erscheint jetzt von untergeordneter Bedeutung. Maßgebend ist vielmehr nur, was der Gesetzgeber zum Ausdruck gebracht hat. Hiernach unterliegt aber die Fremdenpolizei in vollem Umfange und damit auch das Ausweisungswesen der Zuständigkeit des Reiches.

Das Reich hat jedoch hier wie auf den anderen Gebieten von seiner Befugniß nicht in vollem Umfange Gebrauch gemacht.

Gesetzlich geregelt ist von Reichswegen die Zulässigkeit von Aus-

9) Uebereinstimmend v. Martitz a. a. O. Bd. 1, S. 19 N. 2 im Anschlusse an die preußische Praxis hinsichtlich der polnisch-jüdischen Ueberläufer.

weisungen als Folge strafbarer Handlungen durch das Strafgesetzbuch. Die Landespolizeibehörde kann aus dem Bundesgebiete ausweisen nach § 39 Nr. 2 Ausländer, die unter Polizeiaufsicht kraft gerichtlichen Urtheils gestellt sind, nach § 284 Ausländer, deren Verurtheilung wegen gewerbsmäßigen Glücksspiels erfolgt ist, nach § 362, gegen welche das Gericht auf Ueberweisung an die Landespolizeibehörde erkannt hat. Wenn hier in einzelnen Fällen die Ausweisung ausdrücklich für zulässig erklärt wird, so hat das nicht die Bedeutung, daß sie nur in diesen Fällen erfolgen dürfte. Denn das Reichsstrafgesetzbuch beabsichtigt nicht eine erschöpfende Regelung des Ausweisungsrechtes überhaupt. Man könnte nur einwenden: Wenn die Organe der Einzelstaaten nach den völkerrechtlichen Grundsätzen allgemein die Befugniß zu Ausweisungen haben, so lange das Reich eine ausschließliche Gesetzgebung über die Fremdenpolizei nicht beansprucht, welche Bedeutung hat es dann, daß diesen selben Organen diese Befugniß für einzelne Fälle noch besonders beigelegt wird? Die Tragweite der reichsgesetzlichen Bestimmung liegt überhaupt nicht in der Berechtigung, sondern in der Wirksamkeit der Ausweisungen. Die Organe des Einzelstaates können mit oder ohne reichsgesetzliche Ermächtigung Ausweisungen vornehmen. Aber die Befugniß eines einzelstaatlichen Organes erstreckt sich natürlich an sich nicht über das Gebiet des Einzelstaates hinaus. Nur das Reich kann den einzelstaatlichen Organen die Befugniß zur Ausweisung aus dem gesammten Bundesgebiete beilegen, und das ist in den angeführten Fällen geschehen. Die Landespolizeibehörde des Einzelstaates handelt hier als mittelbares Organ des Reiches.[10]

Im Uebrigen ist den Einzelstaaten die Fremdenpolizei und damit die Befugniß zu Ausweisungen innerhalb des allgemeinen völkerrechtlichen Rahmens geblieben. Selbstverständlich erstreckt sich aber dieses reichsrechtlich nicht geregelte Ausweisungsrecht nicht über das Gebiet des Einzelstaates hinaus. Die preußische Behörde kann nur aus Preußen, die sächsische nur aus Sachsen Ausländer ausweisen, aber ihn nicht zum Verlassen des Reichsgebietes nöthigen. Der aus Preußen Ausgewiesene kann nach Sachsen gehen und umgekehrt, bis ihn auch hier ein Ausweisungsbefehl der Landesstaatsgewalt trifft. So kann der Fremde 26 Mal den Aufenthalt in den einzelnen Bundesstaaten und Elsaß-Lothringen wechseln, und erst 26 verschiedene Ausweisungsbefehle würden im Stande sein, ihm den Aufenthalt im Bundesgebiete zu versagen, wenn es sich nicht um einen der Fälle des Strafgesetzbuches handelt. Die fortdauernde rechtliche

---

10) Uebereinstimmend Laband, Staatsrecht des Deutschen Reichs (3. Aufl.), Bd. 1, S. 180.

Zulässigkeit der Ausweisung aus dem Gebiete des Einzelstaates wird ausdrücklich anerkannt in § 361 Nr. 2 des Strafgesetzbuches. Hiernach wird wegen Uebertretung bestraft, wer, nachdem er des Bundesgebietes oder des Gebietes eines Bundesstaates verwiesen ist, ohne Erlaubniß zurückkehrt.

Inwiefern die Ausweisungen aus einem einzelnen Bundesstaate einer Controle des Reiches unterliegen, ist bekanntlich gelegentlich der letzten preußischen Ausweisungen von Dänen aus Nordschleswig Gegenstand von Meinungsverschiedenheiten zwischen den verbündeten Regierungeu und dem Reichstage gewesen. Zur Erledigung dieser Streitfrage bedarf es eines näheren Eingehens auf die Begriffe der „Beaufsichtigung" und der „Fremdenpolizei" im Sinne des Art. 4 der Reichsverfassung nicht, da sich die Entscheidung von einem anderen Gesichtspunkte, nämlich von dem der völkerrechtlichen Beziehungen zum Auslande ergiebt.

Jeder Staat ist bei Ausweisungen an die Schranken des Völkerrechtes gebunden. Deren Verletzung zieht den Einspruch des betheiligten auswärtigen Staates und eventuell von dessen Seite völkerrechtliche Zwangsmittel nach sich. Aber auch ohne eine Rechtsverletzung zu enthalten, können Ausweisungen von dem fremden Staate als politisch unfreundliche Handlung betrachtet werden, eine Verschlechterung der politischen Beziehungen bewirken und entsprechende Gegenmaßregeln herbeiführen.

Die deutschen Einzelstaaten sind nun allerdings Subjekte des Völkerrechtes geblieben mit aktivem und passivem Gesandtschaftsrechte, mit der Befugniß, innerhalb der ihnen verbliebenen Sphäre staatlichen Handelns mit anderen Mächten in Unterhandlung zu treten und Verträge abzuschließen. Dies würde auch von der Fremdenpolizei gelten. Nur in den Fällen des Strafgesetzbuches erscheint das Reich als Subjekt des Ausweisungsrechtes, im Uebrigen steht die Ausweisung den Einzelstaaten zu, und sie haben auch dafür in den internationalen Beziehungen einzutreten. Allein jede Rechtsverletzung hat von der anderen Seite die völkerrechtlich zulässigen Zwangsmittel zur Folge. Durch deren Anwendung wird aber sofort das Reich in Mitleidenschaft gezogen, auch wenn sie sich nur gegen einen deutschen Einzelstaat richten. Selbst rein politische Maßregeln gegen einen deutschen Einzelstaat oder dessen Angehörige können, auch wenn von keiner Seite völkerrechtswidrig gehandelt ist, das Reich nicht unberührt lassen. Schon angesichts von Ausweisungen der Angehörigen eines deutschen Einzelstaates, die der fremde Staat als Retorsion oder Repressalie vornimmt, würden die Ausgewiesenen als Reichsangehörige den nach Art. 3 der Reichsverfassung allen Deutschen im Auslande gleichmäßig zustehenden Schutz des Reiches in Anspruch nehmen können. Das letzte Zwangsmittel des Völkerrechts ist aber immerhin der Krieg, und dieser kann sich nicht gegen einen deutschen Einzelstaat richten, ohne gleichzeitig einen Angriff auf das Reichsgebiet zu bilden.

Die Zuständigkeit des Reiches im Verhältnisse zum Einzelstaate stützt sich aber nicht nur auf die ausdrücklich in Art. 4 der Reichsverfassung enthaltenen Ermächtigungen, sie ergiebt sich vielmehr aus der gesammten Vertheilung von Reichs- und Landesstaatsgewalt, wie sie durch die Reichsverfassung vorgenommen ist. Das gilt nicht nur von den Gesetzgebungsbefugnissen des Reiches, sondern auch von seinem Aufsichtsrechte.[11])

Wegen seiner eigenen völkerrechtlichen Beziehungen zum Auslande, wegen des Schutzes, den es dem Bundesgebiete und allen Reichsangehörigen schuldet, muß das Reich eine Controle darüber für sich in Anspruch nehmen, wie die Einzelstaaten das reichsrechtlich nicht geregelte Ausweisungsrecht ausüben. Diese Controle läßt sich nicht durch den Einwand des Einzelstaates beseitigen, daß er nur dem Völkerrechte gemäß handle, und deßhalb ein Einspruch oder gar die Anwendung völkerrechtlicher Zwangsmittel seitens der fremden Macht nicht zu besorgen sei. Wie weit Ausweisungen völkerrechtlich zulässig sind, kann im einzelnen Falle außerordentlich zweifelhaft sein. Die Ansicht des ausweisenden Staates wird sich nicht immer mit der der betheiligten fremden Macht decken. Und selbst völkerrechtlich unanfechtbare Ausweisungen können eine Rückwirkung auf politische Beziehungen des Reiches ausüben. Deßhalb muß das Reich von Anfang an in der Lage sein zu prüfen, inwieweit es sich mit der Ausweisungspolitik eines Einzelstaates identifiziren und diesen nöthigenfalls mit seiner Macht decken will. Die selbstständige Politik eines Einzelstaates, die Verwicklungen mit dem Auslande zur Folge haben kann, braucht jedenfalls das Reich nicht zu dulden, weil dadurch in sein eigenes verfassungmäßiges Recht und gleichzeitig seine Pflicht, dem Auslande gegenüber die Gesammtheit zu decken, eingegriffen werden würde. Damit ergiebt sich die Zulässigkeit einer allgemeinen Controle der Fremdenpolizei der Einzelstaaten durch das Reich, mag der Sinn der

---

11) Vgl. Hänel, Deutsches Staatsrecht Bd. 1, Leipzig 1892, S. 304. Die Aufsicht geht nach ihm soweit wie die Gesetzgebungsbefugniß mit dem „eine Ausnahme nicht begründenden Vorbehalt, daß, soweit die verfassungsmäßigen Kompetenzen eine Rückwirkung auf die kompetenzfreien Verwaltungsgebiete ausüben, wie dies z. B. die völkerrechtlichen Befugnisse auf die inneren Gesetzgebungszweige der Einzelstaaten zutreffenden Falles thun, soweit auch die Beaufsichtigung des Staates sich erstreckt.“

„Beaufsichtigung" und der „Fremdenpolizei" im Sinne des Art. 4 der Reichsverfassung sein, welcher er will.

Aus dem Controlrechte des Reiches folgt aber noch nichts dafür, welches Organ zuständig ist.

Ein kaiserliches Recht liegt hier nicht vor.

Zwar hat der Kaiser nach Art. 11 der Reichsverfassung das Reich völkerrechtlich zu vertreten, so daß dem Auslande gegenüber als Träger der Reichsgewalt nur der Kaiser in Betracht kommt. Aber hier handelt es sich um das Verhältniß von Reich und Einzelstaat. Welche Maßregeln der Reichsgewalt gegenüber den einzelnen Staaten die völkerrechtliche Vertretung des Reiches nach außen nothwendig macht, ist eine besondere Frage des inneren Staatsrechtes. Trotz der Befugniß des Kaisers zur Kriegserklärung kann er daher z. B. das bayerische Heer nicht selbst mobilisiren.

Nach Art. 17 der Reichsverfassung steht ferner dem Kaiser die Ueberwachung der Ausführung der Reichsgesetze zu. Um eine Ausführung von Reichsgesetzen handelt es sich aber nur bei Ausweisungen nach Maßgabe des Strafgesetzbuches, die schwerlich jemals zu internationalen Konflikten führen können. Im Uebrigen ist das Ausweisungsrecht reichsrechtlich nicht geregelt. Die Einzelstaaten handeln entweder nach Maßgabe landesgesetzlicher Bestimmungen oder innerhalb des Kreises der gesetzlich überhaupt nicht geregelten freien Verwaltung. Hier kann also von einer Ausführung von Reichsgesetzen, deren Ueberwachung dem Kaiser zustände, nicht die Rede sein.

Irgend welche sonstigen kaiserlichen Befugnisse kommen gleichfalls nicht in Frage. Der Kaiser kann also nicht das zuständige Reichsorgan sein.

Der Reichskanzler bildet nicht selbst einen der verfassungsmäßigen Faktoren des Reiches, sondern nur das verantwortliche Organ des Kaisers für die Reichsregierung und die Spitze der eigenen Reichsverwaltung, die durch ihn unter dem Kaiser steht. Schon aus diesem Grunde kann der Reichskanzler nicht weitergehende Befugnisse haben als der verfassungsmäßige Faktor der Reichsgewalt, dem er dient, der Kaiser.

Trotz der Ueberordnung des Reiches über den Einzelstaat besteht daher keine Ueberordnung der Reichsverwaltung über die einzelstaatliche Verwaltung, sondern Beide sind einander nebengeordnet. Nur soweit die Landesbehörden Reichsgesetze ausführen und somit als mittelbare Organe des Reiches handeln, kann der Reichskanzler als Organ des Kaisers ihre Thätigkeit überwachen.[12] Die Ueberordnung beschränkt sich also auf

12) Vgl. Laband a. a. O. Bd. 1, S. 675 ff.

die Kontrolle der Gesetzmäßigkeit der Landesverwaltung, soweit diese Reichsrecht anzuwenden hat. Im Uebrigen stehen Reichsverwaltung und Landesverwaltung außerhalb jedes organischen Zusammenhanges. Bismarck hat sich stets auf das Entschiedenste der Forderung nach verantwortlichen Bundes- und Reichsministerien im Sinne der einzelstaatlichen Verwaltung, d. h als obersten Abschlusses der Verwaltungsorganisation widersetzt, weil dies zu einer Mediatisirung der Einzelstaaten führen würde. Entgegen den ursprünglichen Plänen ist dann allerdings unter dem Reichskanzler eine oberste Reichsverwaltung begründet worden, aber ohne ihr die einzelstaatliche Verwaltung unterzuordnen. Reichsverwaltung und Landesverwaltung bewegen sich im Allgemeinen nebeneinander wie zwei concentrische Kreise, die sich nirgends berühren. Der Reichskanzler wird daher wohl darauf hinweisen können, wenn aus der einzelstaatlichen Politik Mißstände für das Reich zu erwachsen drohen. Irgendwie selbst zu handeln, ist die Reichsregierung gar nicht in der Lage, soweit nicht die mangelhafte Ausführung von Reichsgesetzen, im vorliegenden Falle also die Ausweisung auf Grund des Strafgesetzbuches in Betracht kommt. Nur auf dem Gebiete der eigenen Reichsverwaltung kann aber eine sogenannte parlamentarische Verantwortlichkeit des Reichskanzlers und seiner Vertreter dem Reichstage gegenüber bestehen. Rechtsbeständigkeit und Tragweite dieser parlamentarischen Verantwortlichkeit ist ja überhaupt sehr problematisch. Daß der Reichstag kein Mittel hat, sie durch ein Mißtrauensvotum, das den Rücktritt des Reichskanzlers bedingte, oder anderweit zur Geltung zu bringen, ist zweifellos. Gleichwohl hat sich ein festes Herkommen dahin entwickelt, daß die Reichsregierung gelegentlich der Etatsberathung oder auf Grund besonderer Interpellationen dem Reichstage über ihre Politik Auskunft ertheilt und sie vertritt. Hierfür die Anerkennung des Reichstages zu gewinnen, muß der Reichsregierung angesichts der beständigen Wechselbeziehungen zwischen Regierung und Gesetzgebung erwünscht sein. In diesem Sinne kann man von einer parlamentarischen Verantwortlichkeit des Reichskanzlers überhaupt sprechen. Diese geht natürlich nur soweit wie seine Zuständigkeit. Sie erstreckt sich daher auf die Ueberwachung der Ausführung der Reichsgesetze, soweit diese der Landesverwaltung anheimfällt, und im Uebrigen nur auf die eigene Verwaltung des Reiches. Wo dagegen Jemand zu handeln gar nicht befugt ist, kann er auch nicht mehr verantwortlich sein. Ein Versuch des Reichstages, bei der Etatsberathung oder durch Interpellationen den Reichskanzler verantwortlich zu machen für Handlungen einer einzelstaatlichen Regierung, die nicht zur Ausführung von Reichsgesetzen dienen sollen, bedeutet daher nichts anderes als verfassungswidrig den Reichskanzler zum Vorgesetzten der einzelstaatlichen Ministerien heraufzuschrauben und damit die einzelstaatliche Verwaltung zu mediatisiren. Aus diesem Grunde, nicht wegen mangelnder Zuständigkeit des Reiches überhaupt, erscheint eine Befugniß des Reichstages, einzelstaatliche Ausweisungen mit Ausnahme solcher auf Grund des Reichsstrafgesetzbuches seiner Beurtheilung zu unterwerfen, ausgeschlossen.

Ist eine Controlbefugniß des Reiches über die einzelstaatlichen Ausweisungen begründet, steht aber die Ausübung dieser Befugniß nicht dem Kaiser und aus diesem Grunde weder der Reichsregierung noch dem Reichstage zu, so bleibt nur der Bundesrath übrig. In der That ist dieser auch einzig möglich. Die einzelstaatliche Verwaltung wird nicht durch ein über ihr stehendes Reichsministerium mediatisirt, wohl aber ist sie, soweit das rechtlich geschützte Interesse des Reiches gegenüber den Einzelstaaten in Betracht kommt, den Beschlüssen des Bundesrathes unterworfen.

Diese Zuständigkeit beruht nicht etwa auf der allgemeinen Erwägung, daß seine Mitglieder als Vertreter der Einzelstaaten das Organ bilden, das dem Collectivsouverän des Reiches, der Gesammtheit der verbündeten Regierungen, am nächsten steht, und daß deshalb im Zweifel eine Vermuthung für seine Zuständigkeit spricht. Denn als verfassungsmäßiges Reichsorgan hat auch der Bundesrath nur die ihm durch die Reichsverfassung beigelegten Befugnisse.

Aber nach Art. 7 der Reichsverfassung soll der Bundesrath beschließen über Mängel, welche sich bei der Ausführung der Reichsgesetze herausstellen. Noch nach der Verfassung des Norddeutschen Bundes war dem Bundesrathe als Nachfolger der Generalkonferenzen des alten Zollvereins die entsprechende Befugniß in Art. 37 Nr. 2 nur beigelegt auf dem Gebiete der indirekten Steuern. Mängel, welche die Controlbeamten in der einzelstaatlichen Verwaltung der indirekten Steuern feststellten, hatten sie der Generalkonferenz und demnächst dem Bundesrathe anzuzeigen, der darüber beschloß. Erst die Reichsverfassung hat diese Zuständigkeit des Bundesrathes über das Gebiet der indirekten Steuern hinaus erweitert und ihm die Beschlußfassung in allen Fällen beigelegt, in denen sich bei der Ausführung der Reichsgesetze Mängel herausstellen.[13]

Um einen solchen Fall handelt es sich hier. Das Reich hat verfassungsmäßig den Schutz des Bundesgebietes und aller Reichsangehörigen dem Auslande gegenüber zur Aufgabe. Der Ausführung dieser

13) Vgl. Laband a. a. O. Bd. 1, S. 225 ff.

Verfassungsbestimmung kann die Fremdenpolitik der Einzelstaaten Schwierigkeiten bereiten. Es stellt sich demnach in der Verwaltungsthätigkeit des Einzelstaates ein Mangel für die Ausführung des Reichsgesetzes heraus, obgleich jene Verwaltungsthätigkeit selbst gar nicht Ausführung der Reichsgesetzgebung ist. Der Kaiser, dem die Ueberwachung der Ausführung der Reichsgesetze obliegt, konnte deßhalb dem Einzelstaate gegenüber nicht eingreifen, wohl aber vermag es der Bundesrath, der allgemein über die bei der Ausführung sich herausstellenden Mängel zu beschließen hat. Denn der Mangel kann eben nicht bloß in der fehlerhaften Durchführung des gesetzgeberischen Willens durch ein Organ des Reiches oder des Einzelstaates liegen, sondern auch in Handlungen und Einrichtungen der Einzelstaaten innerhalb der diesen sonst zur freien Bethätigung verbliebenen Sphäre, welche sich mit der Erfüllung der verfassungsmäßigen Aufgaben des Reiches in Widerspruch setzen.

Die Mitglieder des Bundesrathes können nun allerdings im Reichstage erscheinen und müssen hier jederzeit gehört werden. Aber sie haben als solche keinerlei politische Verantwortlichkeit gegenüber dem Reichstage. Eine solche ist dadurch ausgeschlossen, daß sie die Ansicht ihrer Regierung zu vertreten haben und nach Instruktionen stimmen. Nur bei den Mitgliedern der Reichsregierung tritt diese Eigenschaft, obgleich sie ihre Berechtigung zum Erscheinen im Reichstage nur aus der Mitgliedschaft des Bundesrathes herleiten, vor ihrem Charakter als preußische Bundesrathsbevollmächtigte in den Vordergrund. Im Uebrigen kann die einzelstaatliche Regierung für ihr Verhalten im Bundesrathe unter Umständen von ihrem Landtage, aber nie vom Reichstage verantwortlich gemacht werden. So ist auch von diesem Gesichtspunkte aus jede Zuständigkeit des Reichstages ausgeschlossen.

FSC
www.fsc.org
MIX
Papier | Fördert gute Waldnutzung
FSC® C083411

Kolibri 360 GmbH
Ferdinand-Jühlke-Straße 7
99095 Erfurt, Deutschland
produktsicherheit@kolibri360.de